Schöningh
westermann

Xa-Lando

Training Deutsch als Zweitsprache

Fördermaterial für den Deutschunterricht

2 Arbeitsheft

Herausgegeben von: Ingeborg Propson

Erarbeitet von: Ingeborg Propson und Brigitte Schulze

Bildquellen
S. 47 (Cover) von oben nach unten: Cornelia Funke: Gespensterjäger in großer Gefahr. Copyright ©Loewe Verlag, Bindlach 2005; Sven Nordquist: Wie Findus zu Pettersson kam. Copyright © Verlag Friedrich Oetinger, Hamburg 2002; Mary Pope Osborne: Das magische Baumhaus – Im Auge des Wirbelsturms. Copyright © Loewe Verlag, Bindlach 2004; aus: Maurice Sendak *Wo die wilden Kerle wohnen.* Ins Deutsche übersetzt von Claudia Schmölders Copyright © 1967 Diogenes Verlag AG Zürich.

Georg-Westermann-Allee 66, 38104 Braunschweig
www.westermann.de

Druck A[11] / Jahr 2023
Alle Drucke der Serie A sind im Unterricht parallel verwendbar.

Gestaltung und Illustrationen: Veronika und Peter Wypior
Umschlaggestaltung: künkel | büro für gestaltung, Bielefeld / werkzwei.kommunikation, Detmold
Druck und Bindung: Westermann Druck GmbH, Georg-Westermann-Allee 66, 38104 Braunschweig

ISBN 978-3-14-**013467**-5

Inhalt

Hallo, wie geht es dir?

ich

Mein Steckbrief

Name: ______________________

Geburtstag: ______________________

Augenfarbe: ______________________

Haarfarbe: ______________________

Das mag ich:

Das mag ich nicht:

① Stellt euch gegenseitig Fragen: *Wie alt bist du? Welche Augenfarbe hast du? Welche Haarfarbe hat deine Freundin? …*

② Stellt ein Plakat zusammen: Wie viele Kinder sind so alt wie du? Wie viele Kinder haben die gleiche Augenfarbe? Wie viele …

… bin ich …

Würfelspiel: Auf Fragefeldern Frage stellen: *Wie fühlst du dich?*
Passendes Adjektiv nennen: *Wenn ich durch den dunklen Wald gehe, bin ich ängstlich/mutig.*
Püppchen auf das entsprechende Feld setzen

Mach weiter mit: 5

Gefühle

①

Der kleine Vogel hat seine Mama verloren. Er ist **lustig glücklich verzweifelt**	☐
Der kleine Vogel ist den ganzen Tag geflogen. Er ist **traurig müde wach**	☐
Der kleine Vogel hat heute Geburtstag. Er ist **fröhlich ängstlich wütend**	☐
Der kleine Vogel verteidigt sein Nest. Er ist **zärtlich mutig traurig**	☐

r

o

f

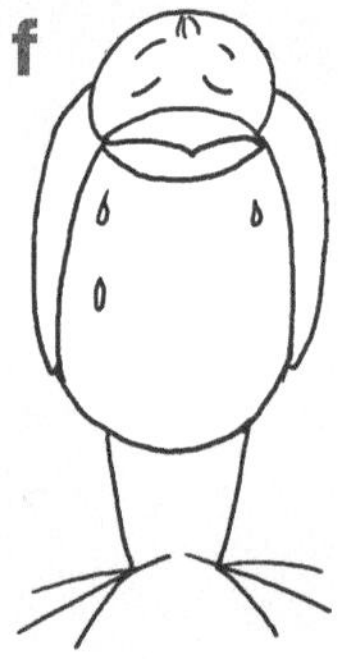

h

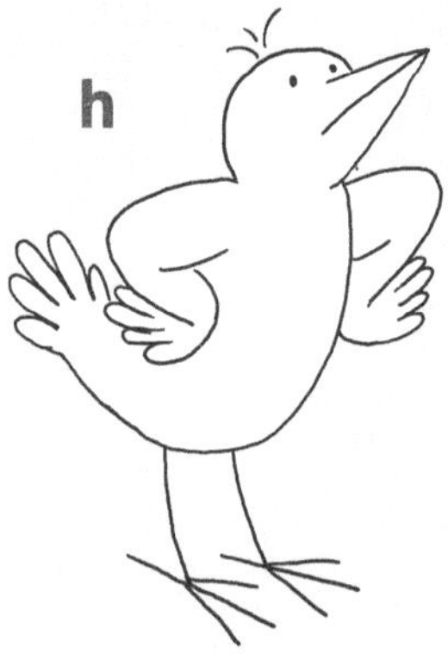

Lösungswort: __ __ __ __

② Wann hat der Vogel dieses Gefühl?

Der kleine Vogel ist **glücklich**, wenn er ____________________

____

Der kleine Vogel ist **ängstlich**, wenn er ____________________

____

Der kleine Vogel ist **wütend**, wenn er ____________________

____

① a) Lies den Text. Wie fühlt sich der Vogel? 2 Wörter passen nicht. Streiche sie durch.
b) Welches Bild passt zu dem Gefühl? Schreibe den Buchstaben in das leere Kästchen. Du erhältst ein Lösungswort.

② a) Schreibe auf, wann der Vogel dieses Gefühl hat. Lest euch gegenseitig eure Sätze vor.
b) Wann hast du dich schon einmal so gefühlt wie der kleine Vogel? Erzähle.

Schau genau!

Schrank

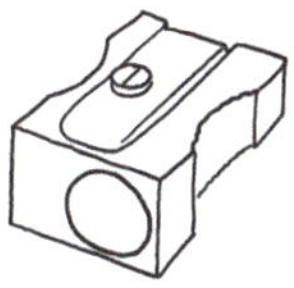
Anspitzer

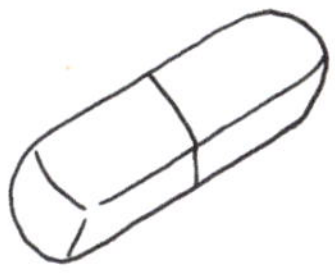
Radiergummi

Pinsel

Ordner

Kiste

Dose

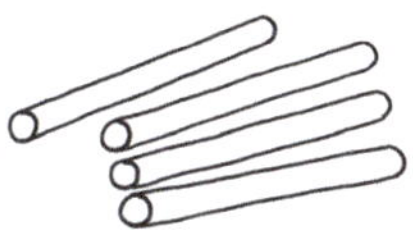
Knete

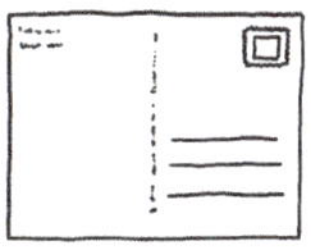
Karte

Wolle

Regal

Bild

Blatt

Plakat

Tier

Mach weiter mit: 21

① a) Welche Sachen von den Kärtchen siehst du oben auf den Bildern? Male sie auf den Kärtchen aus.
b) Welche 2 Dinge fehlen? ***Der** … fehlt, …*
c) Finde auf beiden Bildern 6 Unterschiede. Male sie auf Bild B gelb an oder schreibe sie auf: **der** Ordner, …

② Hördiktat: Sagt man **der**, **die** oder **das**? Höre zu und male das passende Zeichen aus: **der** □ blau, **die** ◠ rot, **das** ▽ grün.

① Hördiktat: Sagt man **der**, **die** oder **das**? Höre zu und male das passende Zeichen aus: **der** □ blau, **die** ⌓ rot, **das** ▽ grün.
② Mensch, Tier, Pflanze oder Sache? Verbinde: *Die Oma ist ein Mensch. … Das Pferd ist ein Tier. ... Das Gras ist eine Pflanze. …*

Gehen, rollen, fahren

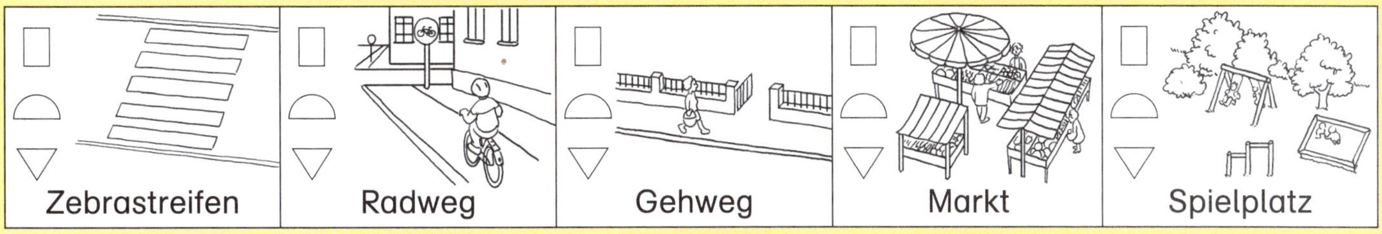

Zebrastreifen | Radweg | Gehweg | Markt | Spielplatz

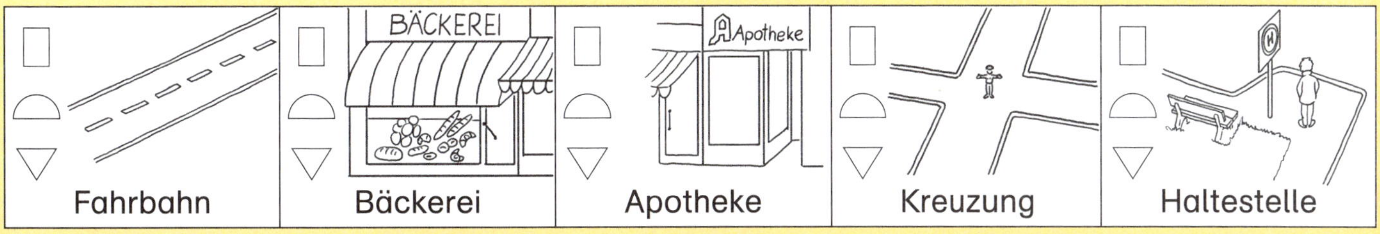

Fahrbahn | Bäckerei | Apotheke | Kreuzung | Haltestelle

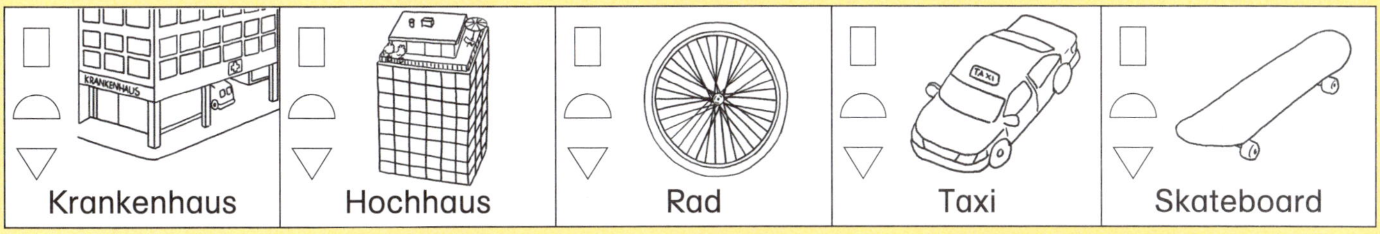

Krankenhaus | Hochhaus | Rad | Taxi | Skateboard

Mach weiter mit: 22

① a) Welche Sachen von den Kärtchen siehst du oben im Bild? Male sie auf den Kärtchen aus.
b) Was fehlt? ***Der** … fehlt.*

② Hördiktat: Sagt man **der**, **die** oder **das**? Höre zu und male ▯, ◠, ▽ in den richtigen Farben aus.

Wo ist …?

ist

ist

ist

ist

ist

ist

auf dem
vor dem
neben dem

auf dem
vor dem
neben dem

auf dem
~~vor dem~~
~~neben dem~~

auf dem
vor dem
neben dem

auf dem
vor dem
neben dem

auf dem
vor dem
neben dem

Mach weiter mit: 4

① Sagt man **der**, **die** oder **das**? Male ▯, ◠, ▽ in den richtigen Farben aus.
② Suche die Sachen auf Seite 9. Streiche durch, was falsch ist.
Verbinde: *Wo ist der Rollstuhl? Der Rollstuhl ist* ***auf dem*** *… .*
③ Stellt Fragen und antwortet: *Wo ist …? Das Auto ist* ***vor dem*** *…*

Wo ist …?

ist

ist

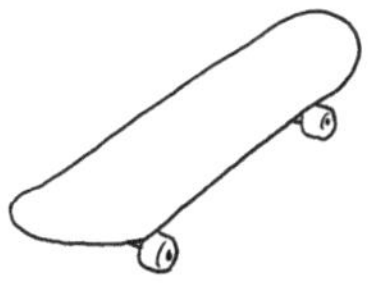

ist

ist

ist

ist

auf der
vor der
neben der

auf der
vor der
neben der

auf der
vor der
neben der

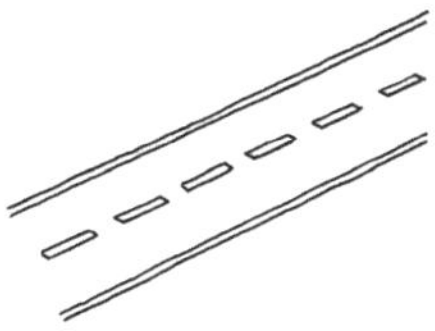

auf der
vor der
neben der

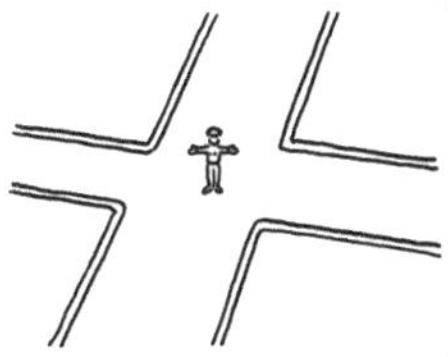

auf der
vor der
neben der

auf der
vor der
neben der

Mach weiter mit: 4

① Sagt man **der**, **die** oder **das**? Male ▯, ⌓, ▽ in den richtigen Farben aus.
② Suche die Sachen auf Seite 9. Streiche durch, was falsch ist.
Verbinde: *Wo ist der Roller? Der Roller ist* ***vor der*** *… .*
③ Stellt Fragen und antwortet: *Wo ist …? Die Bank ist* ***neben*** *…*

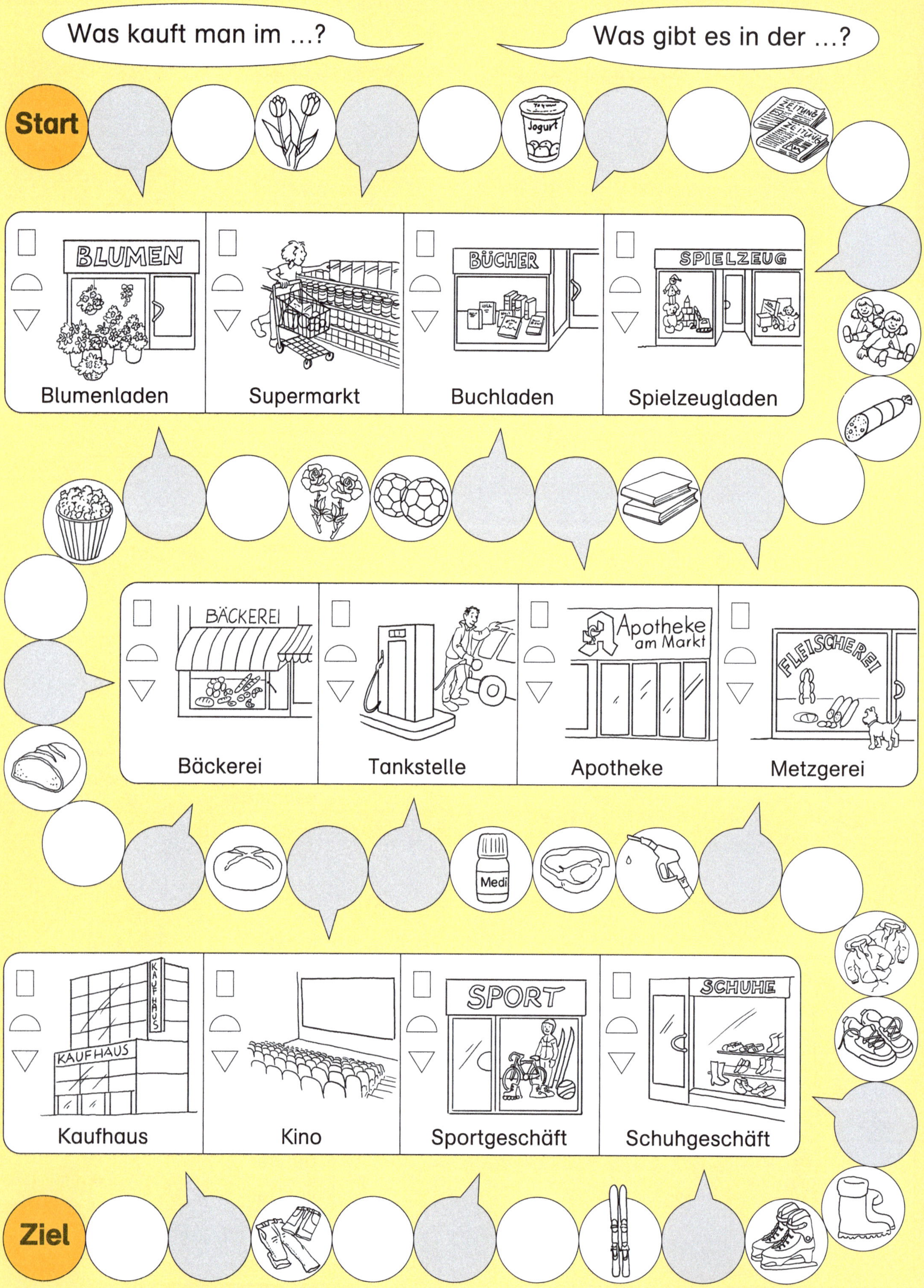

① Hördiktat: Sagt man **der**, **die** oder **das**? Male ▯, ⌓, ▽ in den richtigen Farben aus.
② Würfelspiel: Zum Fragefeld passende Frage stellen:
*Was gibt es **im** Blumenladen?/Was kauft man **im** Blumenladen?*
Passenden Gegenstand nennen: ***Im** Blumenladen gibt es/kauft man Tulpen.*
Püppchen auf das entsprechende Feld setzen

Abenteuer Wald

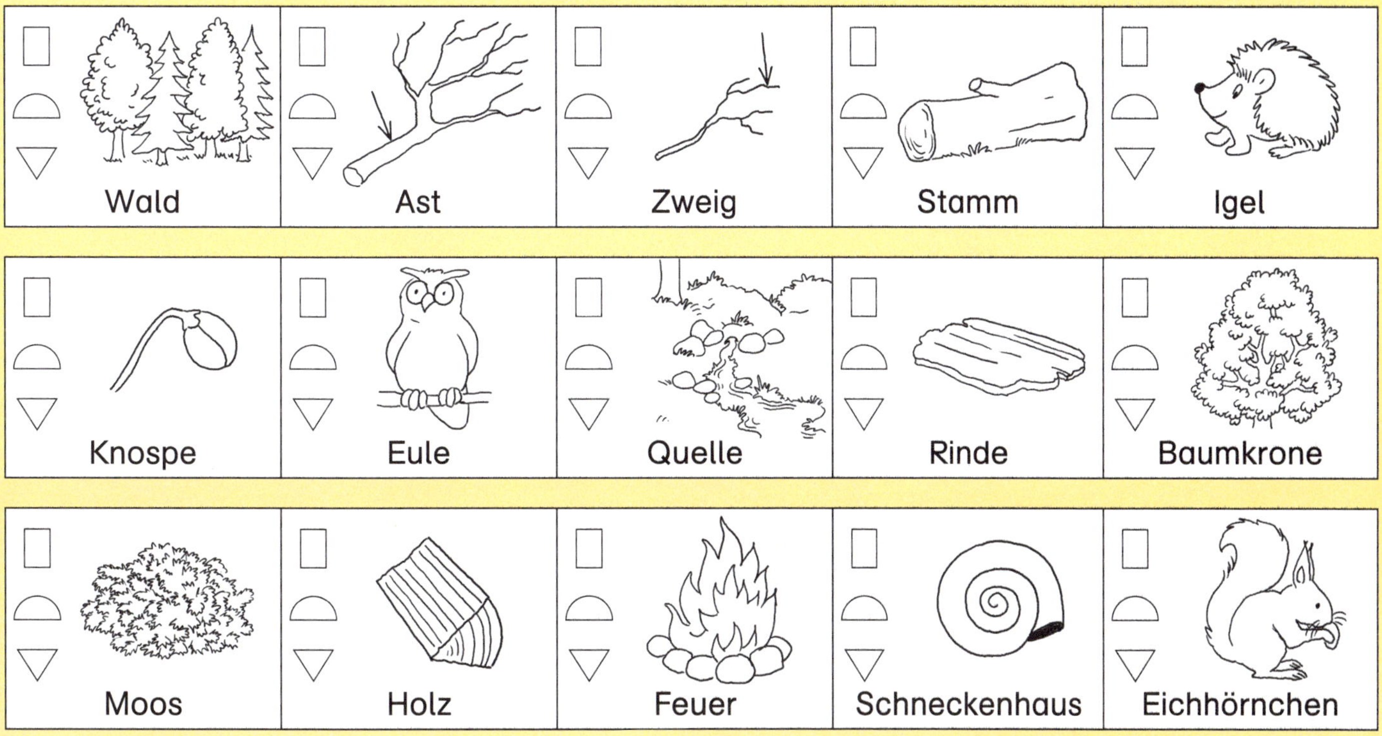

Mach weiter mit: 23

1. a) Welche Sachen von den Kärtchen siehst du oben auf den Bildern? Male sie auf den Kärtchen aus.
   b) Welche 2 Dinge fehlen? ***Die** … fehlt, …*
   c) Finde auf beiden Bildern 6 Unterschiede. Male sie auf Bild B gelb an oder schreibe sie auf: **der** …
2. Hördiktat: Sagt man **der**, **die** oder **das**? Höre zu und male ▯, ⌓, ▽ in den richtigen Farben aus.

Im Wald

① Lies den Text und male aus:

Die Stämme sind **braun**.
Die Steine sind **grau**.
Die Blätter sind **grün**.
Die Blumen sind **bunt**.
Das Feuer ist **rot** und **gelb**.
Die Federn sind **blau**.

② a) Verbinde die passenden Satzteile.
b) Welche Farbe haben die Dinge?

Der	braune	Stamm liegt	zum Vogel.
Die		Feder gehört	unter den Bäumen.
Das		Blatt wächst	auf der Wiese.
Die		Blume blüht	am Zweig.

Mach weiter mit: 4 24

Stellt Fragen und antwortet: *Wo liegt die blaue Feder? Wo liegt …*

1 Welches Wort passt nicht? Streiche es durch.

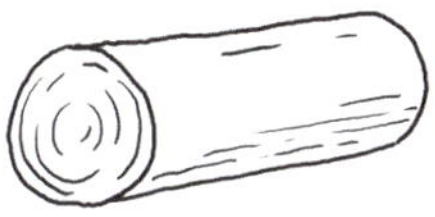
Stamm

rund
braun
~~spitz~~

Ast

lang
weich
dick

Baumkrone

nass
breit
hoch

Zweig

dünn
müde
klein

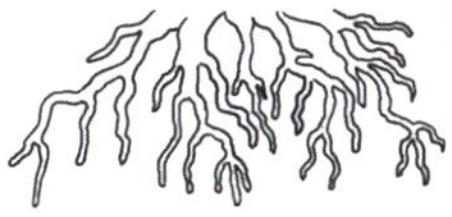
Wurzel

schnell
lang
kräftig

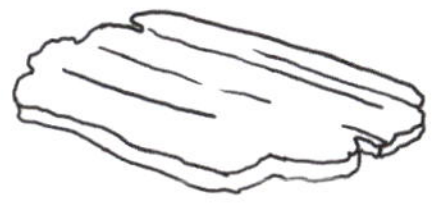
Rinde

rau
hart
bunt

2 Schreibe die Teile des Baumes an die richtige Stelle.

Viele Bäume sind ein ________________.

Mach weiter mit: 5

1 *Der Stamm ist rund und braun. Er ist nicht spitz. …*
2 *Die Baumkrone ist groß und grün. …*

Wie ist …?

Start – groß – klein – stachelig – dick – spitz – dünn – glatt – flink – kalt – rau – süß – nass – rund – hart – leise – leer – heiß – schnell – grün – weich – Ziel

Igel	Samen	Baum	Zweig

	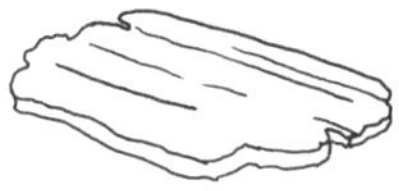		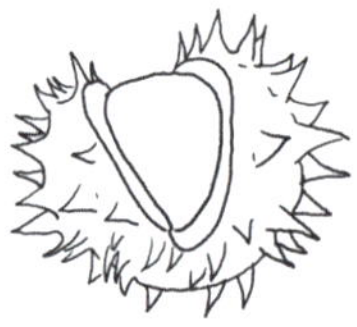
Quelle	Rinde	Himbeere	Kastanie

Moos	Schneckenhaus	Eichhörnchen	Feuer

Mach weiter mit: 5 24

1. Hördiktat: Sagt man **der**, **die** oder **das**? Höre zu und male □, ◠, ▽ in den richtigen Farben aus.
2. Würfelspiel: Zum Fragefeld passende Frage stellen: *Wie ist **der** Igel?*
   Passendes Adjektiv nennen: *Der Igel ist **stachelig**.*
   Püppchen auf das entsprechende Feld setzen

Es (f)liegt was in der Luft

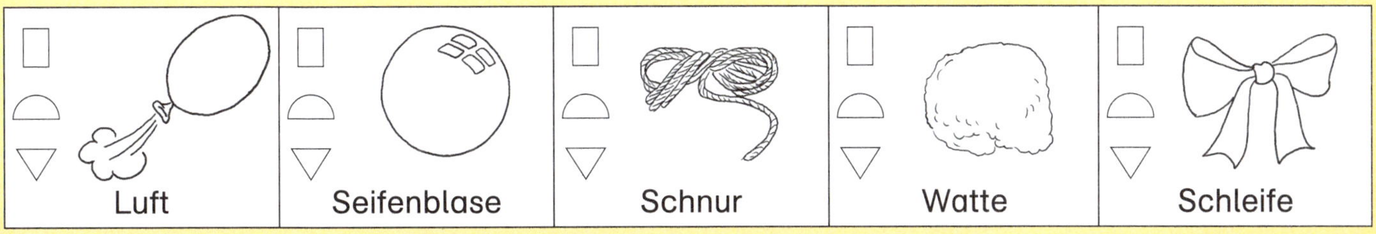

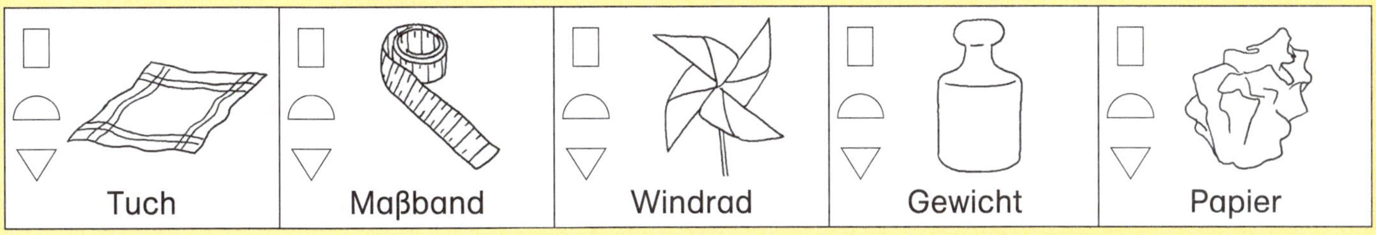

Mach weiter mit: 25

1. a) Welche Sachen von den Kärtchen siehst du oben auf den Bildern? Male sie auf den Kärtchen aus.
   b) Welche 3 Dinge fehlen? ***Der** … fehlt, …*
   c) Finde auf beiden Bildern 6 Unterschiede. Male sie auf Bild B gelb an oder schreibe sie auf: **der** …,
2. Hördiktat: Sagt man **der**, **die** oder **das**? Höre zu und male ▯, ◠, ▽ in den richtigen Farben aus.

1 a) Lies den Text.
Male, was fehlt.
b) Male das ganze Bild bunt aus.

Ein Drachen steht am Himmel.
Er hat einen Schwanz mit vier Schleifen.
Auf der Wiese liegen drei Flieger aus Papier.
Zwei Wolken ziehen über den Himmel.

steh**t** …
ha**t** …

steh**en** …
hab**en** …

2 Welches Wort passt? Verbinde. Streiche das falsche Wort durch.

Ein Drachen	steht ~~stehen~~	am Himmel.	Die Kinder	steht stehen	auf der Wiese.
Der Junge	hat haben	einen Drachen.	Die Kinder	hat haben	Flieger.
Ein Flieger	liegt liegen	auf der Wiese.	Zwei Flieger	liegt liegen	daneben.
Der Junge	zieht ziehen	an der Schnur.	Wolken	zieht ziehen	über den Himmel.

Mach weiter mit: 4

Stellt Fragen und antwortet: *Wo steht der Drachen? Wo stehen die Kinder? …*

1 rot — gelb — grün — blau — braun —

a) Mit welchen Farben hast du die Sachen auf Seite 18 ausgemalt? Schreibe es auf.
b) Wo sind die Kinder? Streiche durch, was falsch ist.

Der	grüne	Baum ist	~~vor dem~~ auf dem hinter dem	Jungen.
Die	______	Bank steht	vor dem auf dem neben dem	Mädchen.
Das	______	Tuch liegt	vor dem auf dem hinter dem	Mädchen.
Der	______	Drachen steht	am im beim	Himmel.
Der	______	Flieger liegt	vor der auf der neben der	Wiese.

2
a) Male ein Gesicht in den Drachen.
b) Male die große Schleife rot aus.
c) Male die kleine Schleife blau aus.
d) Male eine grüne Schleife zwischen die große und die kleine Schleife.
e) Male zwei rote Schleifen unter die blaue Schleife.
f) Welche Farbe hat die Schleife über der blauen Schleife?

Die Schleife ist ______________ .

Mach weiter mit: 4

1 Stellt Fragen und antwortet: *Wo ist der Baum? Wie sieht er aus?*
2 Stellt Fragen und antwortet: *Welche Schleife ist rot? Die große Schleife ist rot.*

Fliegt oder fliegen?

Würfelspiel: Zum Fragefeld passende Frage stellen: *Was tun die Drachen? Was macht der Wind?*
Mit dem passenden Verb und der richtigen Verbform einen Satz bilden: *Die Drachen* ***fliegen****. Der Wind* ***weht****.*
Püppchen auf das entsprechende Feld setzen

Tierfreunde

Schwanz

Hals

Rücken

Schnabel

Flügel

Pfote

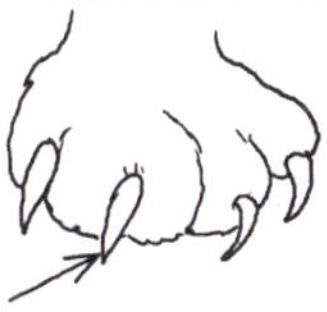
Kralle

Schnauze

Flosse

Schuppe

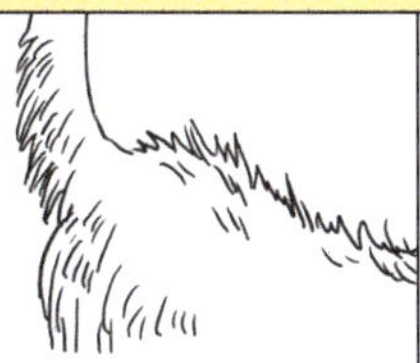
Fell

Kaninchen

Junge

Tierbuch

Loch

Mach weiter mit: 26

① a) Welche Sachen von den Kärtchen siehst du oben auf den Bildern? Male sie auf den Kärtchen aus.
b) Welche 2 Dinge fehlen? ***Das*** *… fehlt, …*
c) Finde auf beiden Bildern 6 Unterschiede. Male sie auf Bild B gelb an oder schreibe sie auf: **der** …

② Hördiktat. Sagt man **der**, **die** oder **das**? Höre zu und male □, ◠, ▽ in den richtigen Farben aus.

Der bunte Hund

a) Lies den Text und male das Bild richtig aus.
b) Im Text sind 9 Körperteile unterstrichen. Schreibe sie ins Bild.

Der bunte Hund hat eine blaue Zunge. Seine Schnauze ist gelb. Er hat viele bunte Flecken: Der große Fleck am Hals ist braun. Der Fleck am Rücken ist gelb. Der Fleck am Bauch ist grün und der Fleck am Ohr ist rot. Am Schwanz sitzt ein kleiner, weißer Fleck. Der Hund hat grüne Pfoten. Der Rest vom Fell ist hellblau.

c) Welche Farbe haben die Flecken?

Der braune Fleck ist am Hals.

Der ______ Fleck ist am Ohr.

Am Schwanz ist der ______ Fleck.

Der ______ Fleck ist am Bauch.

Am Rücken ist der ______ Fleck.

Mach weiter mit: 4

Stellt Fragen und antwortet: *Wo ist der braune Fleck? Der braune Fleck ist …*

1 a) Was können Hunde? Was können Katzen? Verbinde.

bellen jaulen beißen winseln jagen miauen

schwimmen

schnuppern

schnurren

schleichen

buddeln springen kratzen fauchen klettern

b) Was tun die Tiere?

Die Katze ____________. Sie ____________ Sie ____________.

Der Hund ____________. Er ____________ Er ____________.

2 Warum schnuppert ein Hund? Warum schleicht die Katze?
Verbinde mit dem richtigen Satzteil.

Der Hund schnuppert,	weil sie eine Maus jagt.
Die Katze schleicht sich an,	weil er einen Stock holt.
Der Hund schwimmt,	weil er eine Katze riecht.
Die Katze klettert auf den Baum,	weil sie einen Vogel sieht.

Der Hund bellt, weil ________________________

① Stellt Fragen und antwortet: *Was können Hunde? Hunde können …*
② Stellt Fragen (auch zu Nr. 1) und antwortet: *Warum schnuppert ein Hund? Ein Hund schnuppert, weil …*

Mach weiter mit: 2

Ein Hahn kräht, ein Vogel piept

Start – kräht – piept – bellt – schwimmt – hüpft – knurrt – fauchtp – buddelt – trippelt – miaut – fliegt – kriecht – zischt – schleicht – trabt – gackert – watschelt – wiehert – summt – grunzt – schnauft – quiekt – blökt – Ziel

 ein Hahn	 ein Vogel	 ein Hund	 ein Fisch
 eine Schlange	 eine Ente	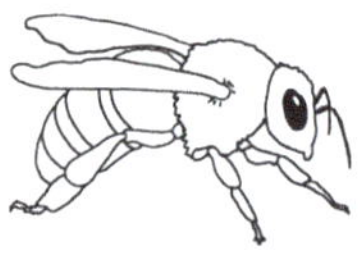 eine Biene	 eine Katze
 ein Pferd	 ein Huhn	 ein Schaf	 ein Schwein

① Hördiktat: Sagt man **der**, **die** oder **das**? Höre zu und male □, ◠, ▽ in den richtigen Farben aus.
② Würfelspiel: Zum Fragefeld passende Frage stellen: *Was kann ein Hahn? Was macht ein Vogel?*
Mit dem passenden Verb und der richtigen Verbform einen Satz bilden: *Ein Hahn* ***kräht****. Ein Vogel* ***piept****.*
Püppchen auf das entsprechende Feld setzen

Mach weiter mit: 11 12

Ach du liebe Zeit!

Frühling

Sommer

Herbst

Winter

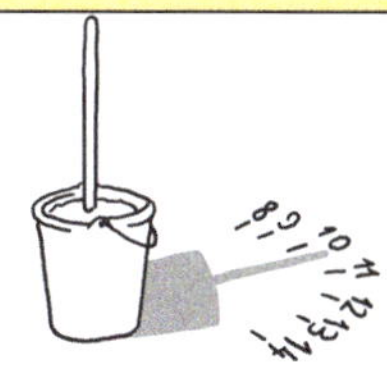
Schatten

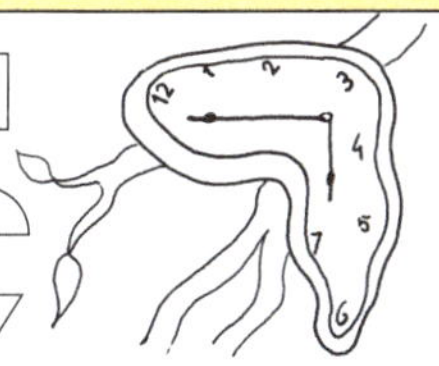
Zeit

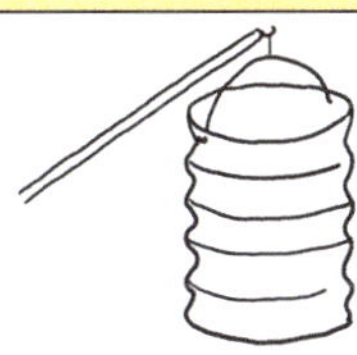
Laterne

Maske

Minute

Kerze

Freitag
25.06.2010
Datum

Fest

Osterei

Zelt

Jahr

Mach weiter mit: 27

① a) Welche Sachen von den Kärtchen siehst du oben auf dem Bild? Male sie auf den Kärtchen aus.
b) Welche 3 Dinge fehlen? ***Die*** *… fehlt, …*

② Hördiktat: Sagt man **der**, **die** oder **das**? Höre zu und male □, ◠, ▽ in den richtigen Farben aus.

Tageszeiten

a) Lies den Text. Male, was in den Bildern fehlt.

Es ist Mittag. Die Sonne steht hoch am Himmel.
Der Baum wirft einen kurzen Schatten. Eine Eule sitzt im Baum.
Es ist Abend. Die Sonne geht unter.
Der Baum hat einen langen Schatten. Die Eule fliegt los.

b) Welchen Schatten wirft der Baum am Mittag? Verbinde.

Am Mittag wirft der Baum	einen langen Schatten.
Am Abend hat der Baum	einen kurzen Schatten.
In der Nacht wirft der Baum	einen langen Schatten.
Am Morgen hat der Baum	keinen Schatten.

c) Wenn es regnet, gibt es keinen Schatten, weil

Stellt Fragen und antwortet: *Wann hat der Baum einen kurzen Schatten? Am Mittag …*

Mach weiter mit: 10

Das Jahr hat 12 Monate

1 Finde die 12 Monatsnamen:

JanuarFebruarMärzAprilMaiJuniJuliAugustSeptemberOktoberNovemberDezember

2 a) Verbinde die Silben der Monatsnamen.
b) Male die Monatsnamen in verschiedenen Farben aus.
c) Nummeriere die Monatsnamen.

1	Ja	nu	ar	◯	Ju	li	ber
◯	Fe	bru	ar	◯	Au	tem	ber
◯	März	ni		◯	Sep	gust	ber
◯	A	pril		◯	Ok	zem	ber
◯	Mai			◯	No	to	
◯	Ju			◯	De	vem	

3 **Frühling, Sommer, Herbst und Winter**
Schreibe zu jedem Bild den Namen der Jahreszeit und einen passenden Monatsnamen.

Stellt Fragen und antwortet: *Wie heißt der erste (letzte, vierte …) Monat im Jahr? Zu welcher Jahreszeit gehört der Januar?*

Im Winter schneit es

Start

im Januar

im Februar

im Winter

im März

im Frühling

im April

im Mai

im Juni

im Juli

im August

im September

im Sommer

im Oktober

im Herbst

im November

im Dezember

Ziel

Wann schneit es?

Wann gibt es Ferien?

Wann hast du Geburtstag?

Wann blühen die ersten Blumen?

Wann fängt das Jahr an?

Wann verlieren die Bäume ihre Blätter?

Wann fängt der Sommer an?

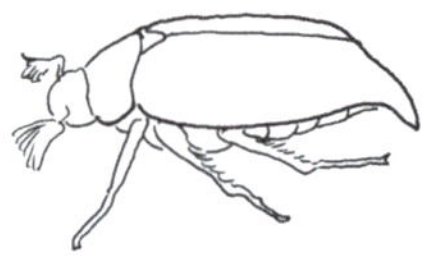

Wann gibt es Maikäfer?

Wann fängt der Winter an?

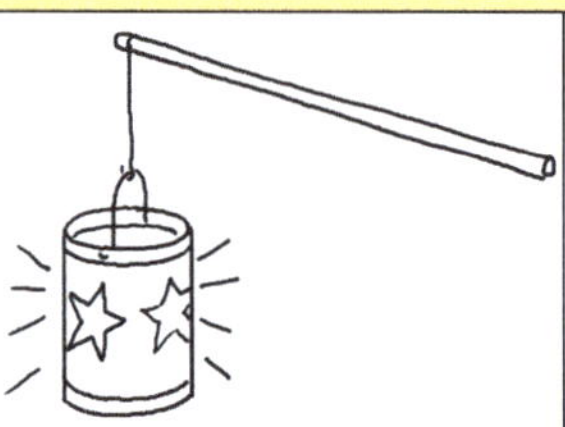

Wann basteln die Kinder Laternen?

Wann gibt es hitzefrei?

Wann wird es Herbst?

Mach weiter mit: 10

Würfelspiel: Zum Fragefeld passende Frage vorlesen: *Wann schneit es? Im Winter schneit es./Es schneit im Winter.*
Püppchen auf das entsprechende Feld setzen

Quark macht stark

A

B

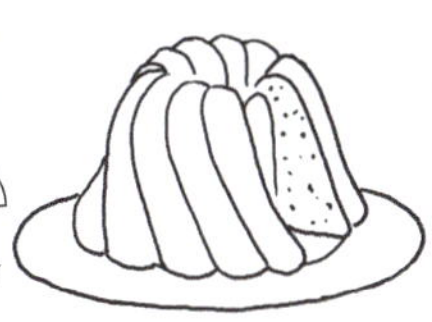 Kuchen	 Käse	 Topf	 Salat	 Blumenkohl
 Nudel	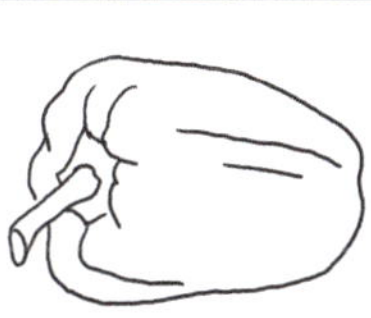 Paprika	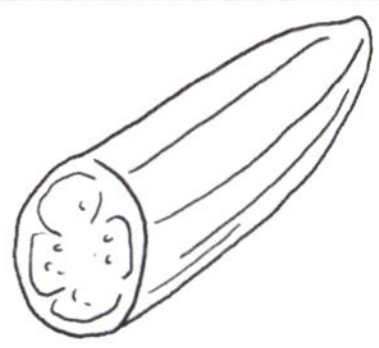 Gurke	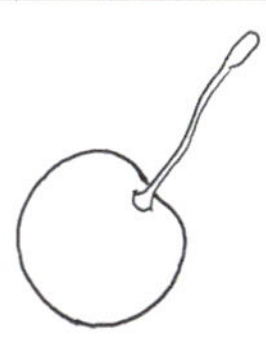 Kirsche	 Küche
 Eis	 Getränk	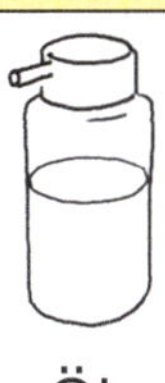 Öl	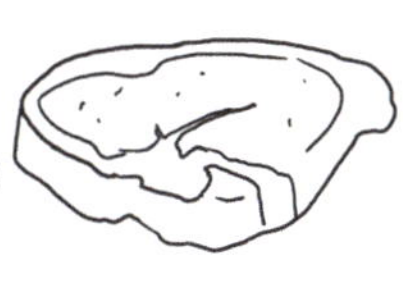 Fleisch	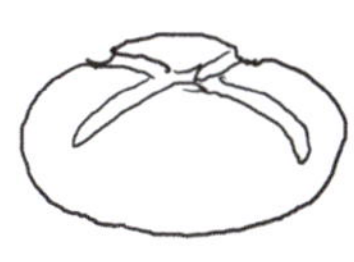 Brötchen

Mach weiter mit: 28

1. a) Welche Sachen von den Kärtchen siehst du oben auf den Bildern? Male sie auf den Kärtchen aus.
   b) Welche 2 Dinge fehlen? ***Der** … fehlt, …*
   c) Finde auf beiden Bildern 6 Unterschiede. Male sie auf Bild B gelb an oder schreibe sie auf: **der** …
2. Hördiktat: Sagt man **der**, **die** oder **das**? Höre zu und male ▯, ◠, ▽ in den richtigen Farben aus.

Küchenhelfer

a) Lies den Text. Unterstreiche im Text alle Lebensmittel.
b) Welche Lebensmittel hast du unterstrichen? Male ihr Bild aus.

Heute hat Oma drei Helfer in der Küche. Kim schneidet Paprika und Gurken klein. Erol wäscht den Salat. Tim holt eine große Schüssel. Er sagt: „Gib mir mal die Gurken, Kim. Reich mir die Paprika rüber.“ Er ruft Erol zu: „Bring mir den Salat.“ Er fragt: „Wer holt mir Öl und Essig?“ Aber Erol mault: „Hol dir die Sachen selbst.“ Oma meint: „Kennst du nicht das Zauberwort, Tim?“

c) Wie heißt das Zauberwort?   e b i tt   ____________________

d) Wie könnte Tim höflicher fragen?

Gib mir b ____________________ die Gurken.

____________________ die Paprika rüber.

____________________ den Salat.

____________________ Öl und Essig.

Mach weiter mit: 11

Stellt höfliche Fragen: *Was möchtest du? Gib mir bitte …*

1 a) Tim will noch etwas Käse in den Salat mischen. Tim muss etwas **ab**schneiden, **auf**schneiden und **klein**schneiden. Welche Wortbausteine passen?

klein | ab | auf

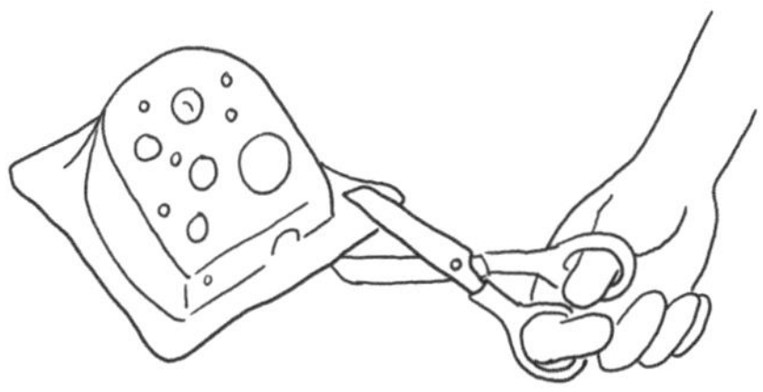

die Folie ______schneiden

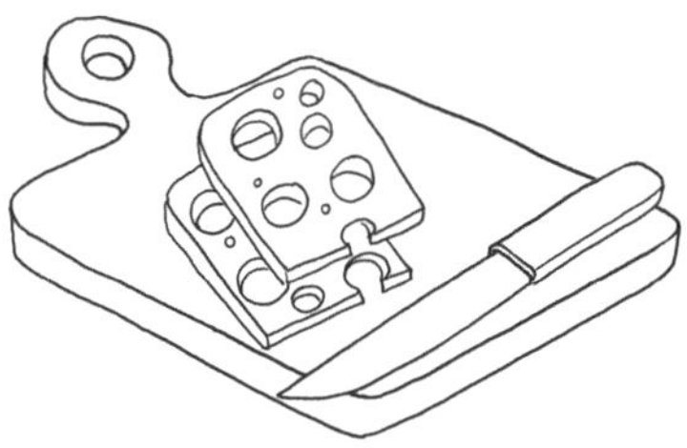

Scheiben ______schneiden

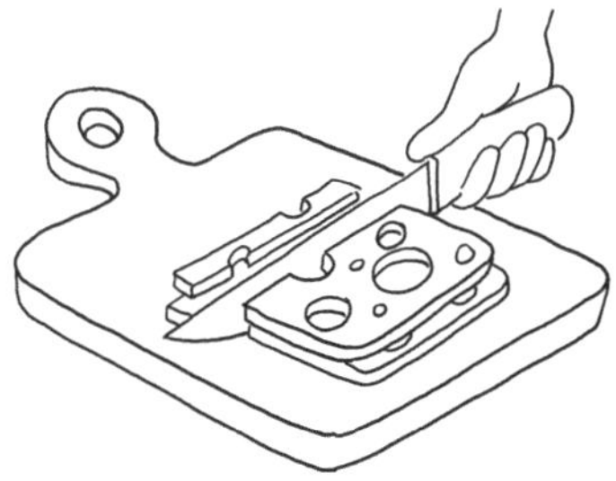

alles ______schneiden

b) Was macht Tim? Schreibe Sätze.

Tim muss zuerst ______________________

Dann kann er ______________________

Zuletzt muss er ______________________

2 Welcher Wortbaustein passt? ein | aus | auf | ab | ab | ab

Freunde ______laden

alles ______essen

den Saft ______trinken

den Tisch ______räumen

das Geschirr ______spülen

alles ______trocknen

Stellt Fragen und antwortet: *Was kann man aufschneiden? Eine Tüte, eine Folie, eine Verpackung, ein Paket, …*
Was kann ich abschneiden? …

① Stellt Fragen und antwortet: *Was isst du gerne? Was schmeckt dir gut?*
② Würfelspiel: Zum Fragefeld passende Frage stellen: *Was fehlt dir auf dem Kuchen? Was schmeckt dir auf dem Brot?*
Passendes Lebensmittel mit oder ohne Artikel nennen: *Obst, Salami, …*
Püppchen auf das entsprechende Feld setzen

Sehen und staunen

A

B

 warm – kalt	 schwer – leicht	 groß – klein	 dick – dünn	 hell – dunkel
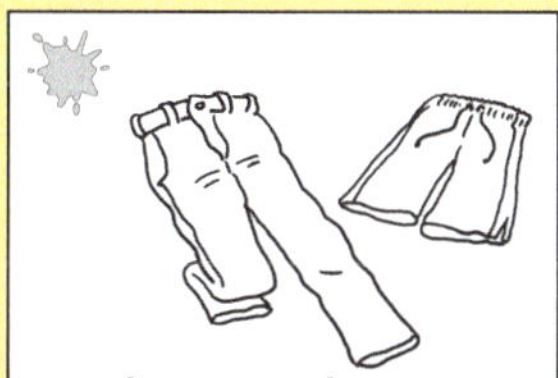 lang – kurz	 hart – weich	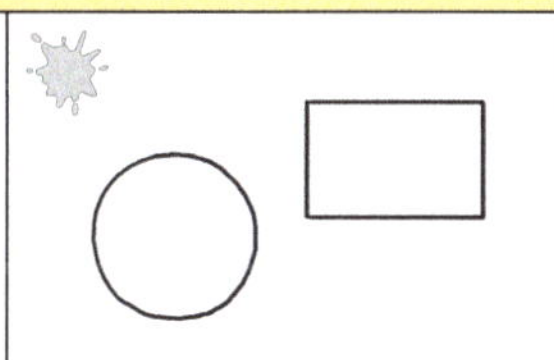 rund – eckig	 trocken – nass	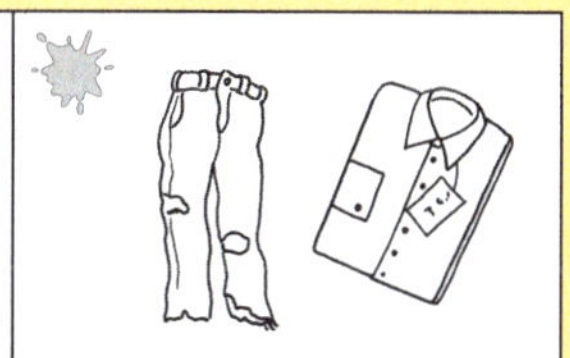 alt – neu
 rau – glatt	 hoch – tief	 schön – hässlich	 süß – sauer	 laut – leise

Mach weiter mit: 29 30

① Welche Adjektive (Wiewörter) von den Kärtchen siehst du oben im Bild? Male sie auf den Kärtchen aus.

② *Wie heißt das Gegenteil von warm?*

Was ist das?

a) Lies die Rätsel. Schreibe die Lösungen auf.
b) Male alles in der richtigen Farbe aus.

Was ist braun und schmeckt süß?

Was ist gelb und schmeckt sauer?

Was ist grün und fühlt sich weich an?

Was ist grau und fühlt sich hart an?

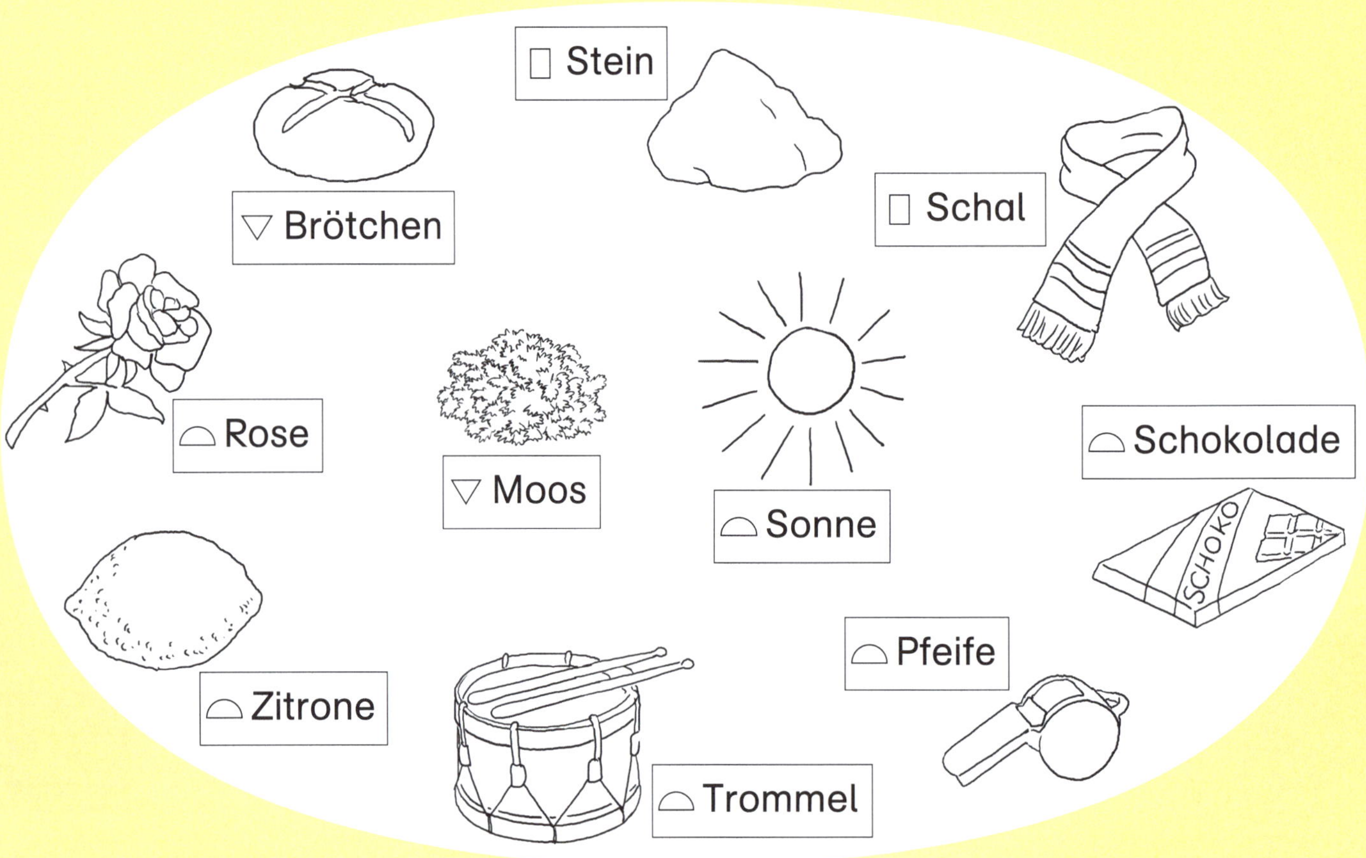

Was ist rund und klingt laut?

Was klingt laut und schrill?

Was ist lang und bunt?

Was ist gelb und rund?

Was ist knusprig und duftet lecker?

Was ist rot und riecht gut?

Schaut euch im Klassenraum um und stellt Rätselfragen: *Was ist eckig und grün? Die Tafel …*

Mach weiter mit: 5 24

Gegenteile

1 Verbinde die Gegenteile.

dick  dünn  lang 

groß     richtig

kurz

schwarz weiß rund 

klein eckig falsch

2 Was nicht kurz ist, das ist

Was nicht alt ist, das ist

Was nicht klein ist, das ist

Was nicht schwer ist, das ist

Was nicht eckig ist, das ist

Was nicht weich ist, das ist

Was nicht dunkel ist, das ist

Was nicht dünn ist, das ist

Was nicht rau ist, das ist

Was nicht laut ist, das ist

Lösungswort: __ __ __ __ __ __ __ __ __ __

3 **Wir reimen**

Neu ist nicht alt,
warm ist nicht ______________.

Schwarz ist nicht weiß,
kalt ist nicht ______________.

Arm ist nicht reich,
hart ist nicht ______________.

Leer ist nicht voll,
so reimen wir ganz ______________.

Mach weiter mit: 5 30

Sucht Gegenteile: Einer nennt ein Adjektiv. Die anderen suchen das Gegenteil:
langsam – …, sauber – …

Wie schmeckt …?

Start – sauer – wach – süß – müde – voll – leise – nass – tief – laut – leer – trocken – schlecht – gut – hoch – weich – neu – hart – alt – breit – schmal – glatt – kurz – rau – weiß – langsam – schwarz – lang – schnell – dunkel – hell – sauber – schmut-zig – **Ziel**

Wie schmeckt die Zitrone?

Wie schmeckt die Schokolade?

Wie klingelt der Wecker?

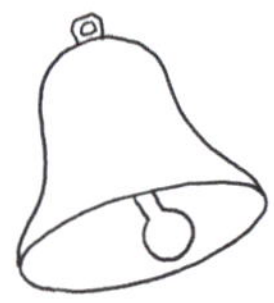

Wie klingelt das Glöckchen?

Wie fühlt sich der Stein an?

Wie fühlt sich das Kissen an?

Wie duftet die Rose?

Wie riecht der Misthaufen?

Wie ist es am Tag?

Wie ist es in der Nacht?

Wie sieht ein Schneemann aus?

Wie sieht ein Rabe aus?

Mach weiter mit: 5

Spielregel 1: Zum Fragefeld passende Frage vorlesen: *Wie schmeckt die Zitrone?*
Mit dem passenden Adjektiv einen Satz bilden: *Die Zitrone schmeckt sauer.*
Püppchen auf das entsprechende Feld setzen

Spielregel 2: Würfeln, Adjektiv lesen und das entsprechende Gegenteil nennen:
Das Gegenteil von wach ist müde.
Püppchen auf das entsprechende Feld setzen

Frühlingsträume

A

B

Garten

Baumstumpf

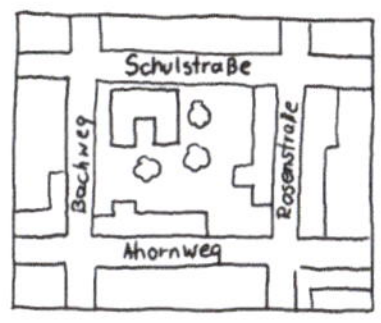

Plan

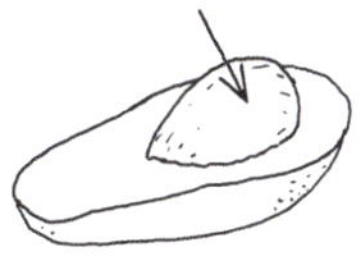
Kern

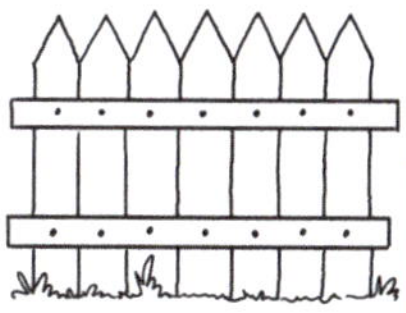
Zaun

Lampe

Rose

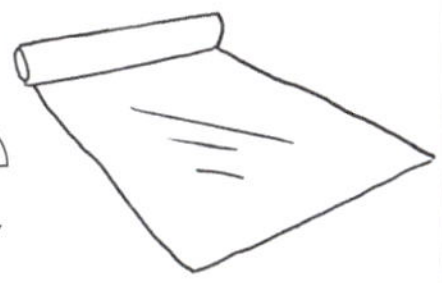
Folie

Sonnenblume

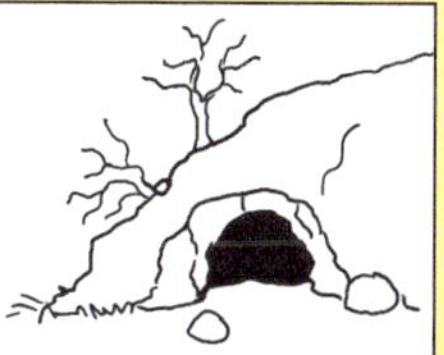
Höhle

Beet

Gartenhaus

Glas

Baumhaus

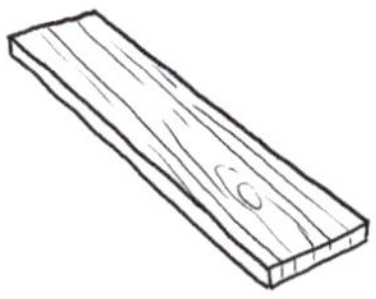
Brett

Mach weiter mit: 31

① a) Welche Sachen von den Kärtchen siehst du oben auf den Bildern? Male sie auf den Kärtchen aus.
b) Welche 3 Dinge fehlen? ***Der** … fehlt, …*
c) Finde auf beiden Bildern 6 Unterschiede. Male sie auf Bild B gelb an oder schreibe sie auf: **der** …

② Hördiktat: Sagt man **der**, **die** oder **das**? Höre zu und male □, ◠, ▽ in den richtigen Farben aus.

Das Baumhaus

a) Lies den Text. Male alle Sachen der Kinder ins Bild.
b) 5 Wörter sind markiert. Was ist damit gemeint? Unterstreiche die Wörter und male Pfeile.

Die Kinder wollen im Garten ein Baumhaus bauen. Aber Oma findet das zu gefährlich. Da hat Erol eine gute Idee: „Wir bauen das Baumhaus nicht oben in den Baum. Wir bauen das Haus unten zwischen die Bäume!" Die Kinder sind begeistert. Sie suchen viele Sachen zusammen: Sie finden zehn Bretter, die stellen sie an den Zaun. Kim findet eine große blaue Folie, die legen sie auf die Bretter. Erol schleppt einen Baumstumpf heran, den nehmen sie als Tisch. Tim holt zwei Taschenlampen, die hängt er an den Zaun. Anna bringt vier Gläser mit, die stellt sie auf den Tisch. Tim meint: „So ein Baumhaus ist sehr gemütlich!"

Mach weiter mit: 4

Stellt Fragen und antwortet: *Wo sind die Bretter? Die Bretter sind am Zaun. Wo ist die Folie? … Was steht am Zaun? Was liegt auf den Brettern? …*

Einzahl oder Mehrzahl?

1 Was ist nur einmal im Bild? Von welchen Sachen sind mehrere da?
Zähle und schreibe die Zahl zum richtigen Wort.

1 Garten
/ Gärten

__ Brett
__ Bretter

__ Baum
__ Bäume

__ Beet
__ Beete

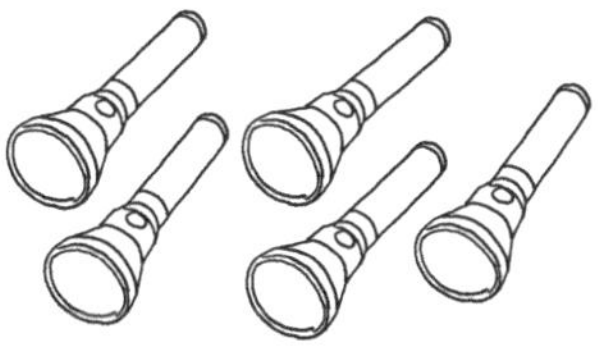

__ Lampe
__ Lampen

__ Kind
__ Kinder

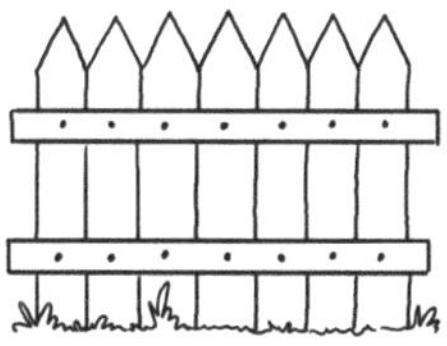

__ Zaun
__ Zäune

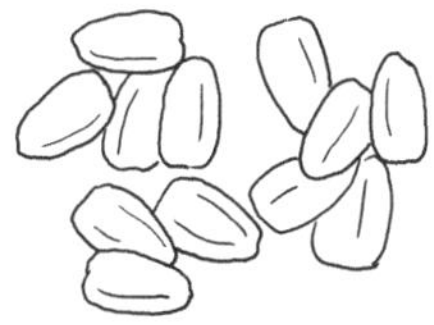

__ Kern
__ Kerne

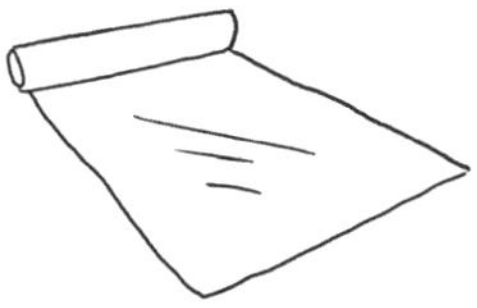

__ Folie
__ Folien

__ Glas
__ Gläser

__ Sonnenblume
__ Sonnenblumen

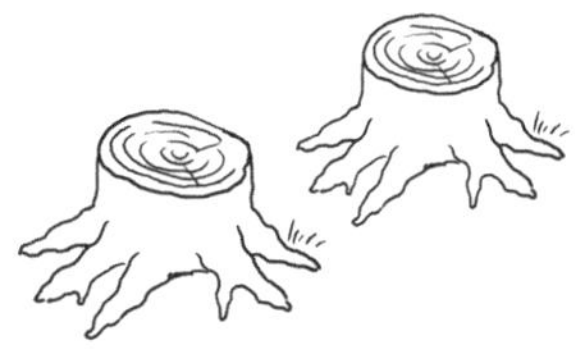

__ Baumstumpf
__ Baumstümpfe

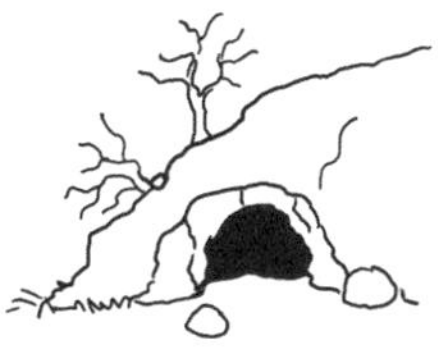

__ Höhle
__ Höhlen

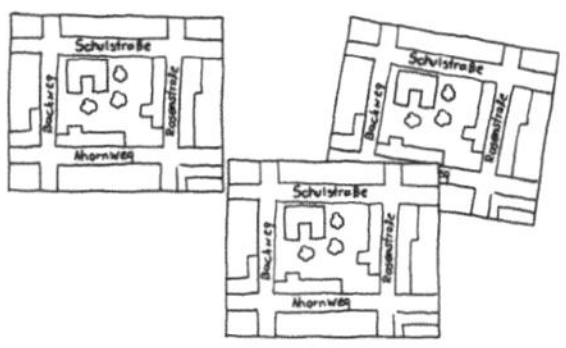

__ Plan
__ Pläne

__ Baumhaus
__ Baumhäuser

__ Gartenhaus
__ Gartenhäuser

2 Wie viele Sachen zählst du auf dem Bild auf Seite 38?

3 Sonnenblumen,

Wie heißt die Mehrzahl? *der Baum – die Bäume, …*
Wie heißt die Einzahl? *die Kinder – das Kind, …*

Wie heißt die Mehrzahl von …?

1. Hördiktat: Sagt man **der**, **die** oder **das**? Male ▯, ◠, ▽ in den richtigen Farben aus.
2. Würfelspiel: Zum Fragefeld passende Frage stellen: *Wie heißt die Mehrzahl von Kern?* Mehrzahl nennen und Püppchen auf das entsprechende Feld setzen

So lebe ich

A

B

Stammbaum

Bruder

Onkel

Großvater

Cousin

Familie

Schwester

Tante

Großmutter

Cousine

Geschenk

Gefühl

Foto

Zimmer

Paar

Mach weiter mit: 32

① a) Welche Sachen von den Kärtchen siehst du oben auf den Bildern? Male sie auf den Kärtchen aus.
b) Was fehlt? ***Der** … fehlt, **das** … fehlt, **das** … fehlt*
c) Finde auf beiden Bildern 8 Unterschiede. Male sie auf Bild B gelb an oder schreibe sie auf: **der** …

② Hördiktat: Sagt man **der**, **die** oder **das**? Höre zu und male □, ◠, ▽ in den richtigen Farben aus.

Zu Hause

a) Finde die Zimmer.

SCHLAFZIMMER|WOHNZIMMERKINDERZIMMERBADEZIMMERKÜCHEFLURDACHBODEN

b) Schreibe die Namen der Zimmer ins Haus.

Suche dir ein Zimmer aus. Was gibt es nur in diesem Zimmer?
Im Flur gibt es Haken für Jacken. Im Wohnzimmer steht ein Sessel. Im …
Wie sieht es bei dir zu Hause aus? *Im Kinderzimmer gibt es …*

Mach weiter mit: 6

a) Lies den Text. Male alle Sachen, die fehlen, ins Bild auf Seite 42.

Im Wohnzimmer sitzt Großmutter im Sessel. Sie liest eine Zeitung. Großvater steht am Fenster. Er gießt die Blumen. In der Küche kocht Leon einen Pudding. Er holt die Schüssel. Ihm hilft seine Schwester Sina. Sie liest das Rezept. Da kommt seine kleine Cousine Maria angerannt. Doch sie stolpert über die Tasche und schreit sofort. Zum Glück hört Tante Yasemin nichts. Sie saugt im Schlafzimmer Staub. Onkel Marco telefoniert gerade im Flur. Er schreibt etwas auf einen Zettel. Und was macht Luca? Er lässt im Badezimmer Schiffchen schwimmen.

b) 8 Wörter sind markiert. Wer ist damit gemeint? Unterstreiche die Namen und male Pfeile.
c) Wer aus der Familie kommt im Text nicht vor? Unterstreiche ihre Namen im Bild.

Stellt euch gegenseitig Fragen zu eurer Familie und antwortet: *Mein Bruder heißt … Wie heißt dein Bruder? Meine Tante heißt … Wie heißt deine Tante? …*

Wie heißt …?

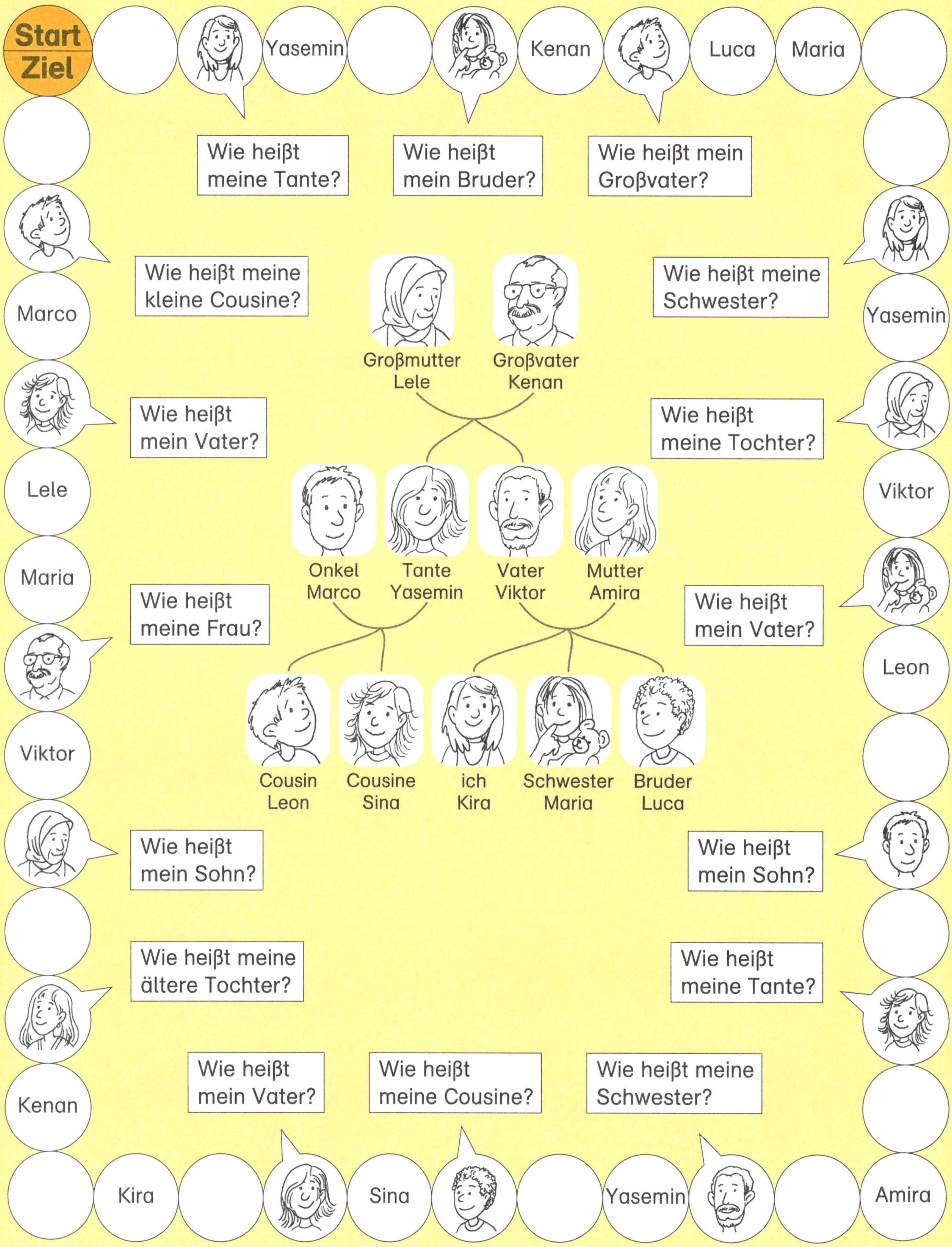

Spielregel: Zum Fragefeld passende Frage vorlesen und antworten:
Wie heißt meine Tante? Meine Tante heißt Yasemin …
Püppchen auf ein entsprechendes Feld setzen

Asterix und Co.

A

B

Fernseher

Film

Kasper

Krimi

Titel

Sendung

CD

Zeitschrift

Hauptfigur

Werbung

Kino

Programm

Quiz

Lexikon

Publikum

Mach weiter mit: 33

① Welche Sachen von den Kärtchen siehst du oben auf den Bildern?
Male sie auf den Kärtchen aus.

② Hördiktat: Sagt man **der**, **die** oder **das**? Höre zu und male ▯, ⌓, ▽ in den richtigen Farben aus.

Freizeit

a) Lies den Text. 4 Wörter sind markiert. Was ist damit gemeint?
Unterstreiche die Wörter und male Pfeile.
b) Male, was im Fernseher, im Programm und auf dem Buch fehlt.

Es regnet. Deshalb können die Kinder nicht draußen spielen. Was tun **sie** im Haus? Im Fernseher läuft gerade die Werbung. Die Kinder finden **sie** langweilig. Kim liest einen Krimi. **Er** ist spannend. Erol sucht das Lexikon. **Es** ist dick und gelb. Tim findet im Fernseh-Programm einen Tierfilm. **Den** will er gleich gucken.

Stellt Fragen und antwortet: *Wer liest den Krimi? Wer sucht das Lexikon? …*
Wie ist der Krimi? Wie ist das Lexikon? …

Wie findest du das?

a)

lustig|spannendtrauriglangweiligwitzigtollgruseliginteressantaufregendgrausam

b) Wie gefallen dir diese Sendungen, Bücher und Spiele? Kreise ein, was passt.

Trickfilme

(witzig) traurig

gruselig lustig

Vier gewinnt

interessant langweilig

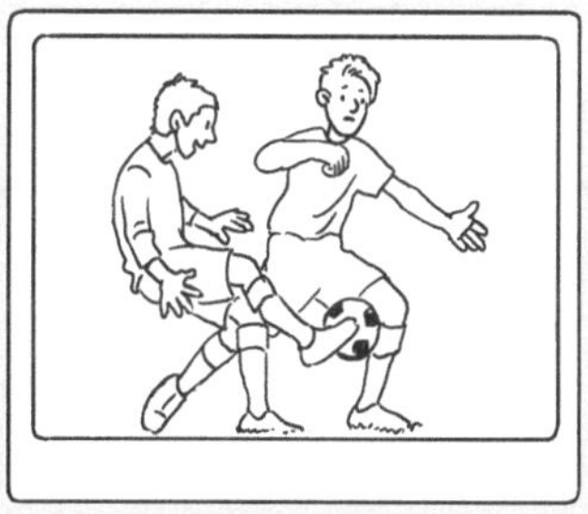

Sportsendungen

interessant langweilig

lustig traurig

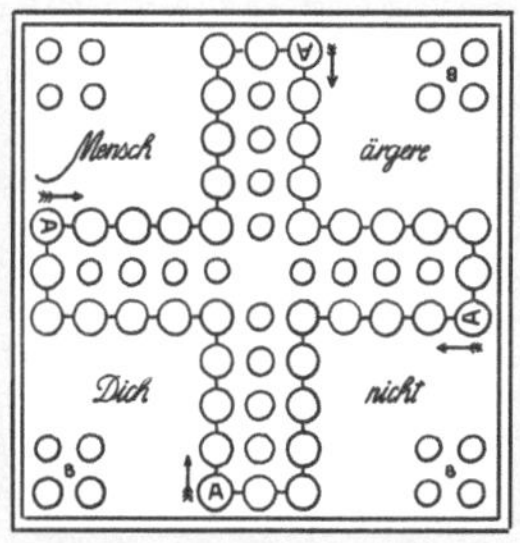

Würfelspiele

spannend lustig

Kinderfilme

spannend lustig

spannend langweilig

Puzzles

interessant langweilig

Tierfilme

grausam interessant

aufregend lustig

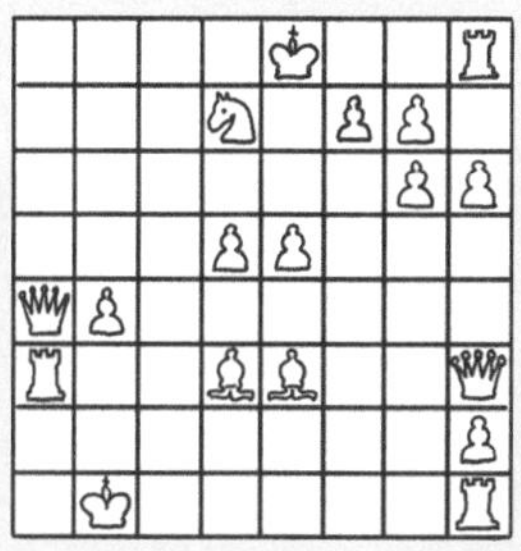

Schach

leicht schwierig

Stellt Fragen und antwortet: *Wie gefallen dir Trickfilme? Trickfilme sind …*
Kennst du noch andere Sendungen/Bücher/Spiele? Wie findest du sie?

Mach weiter mit: 5

Wie findest du Vampire?

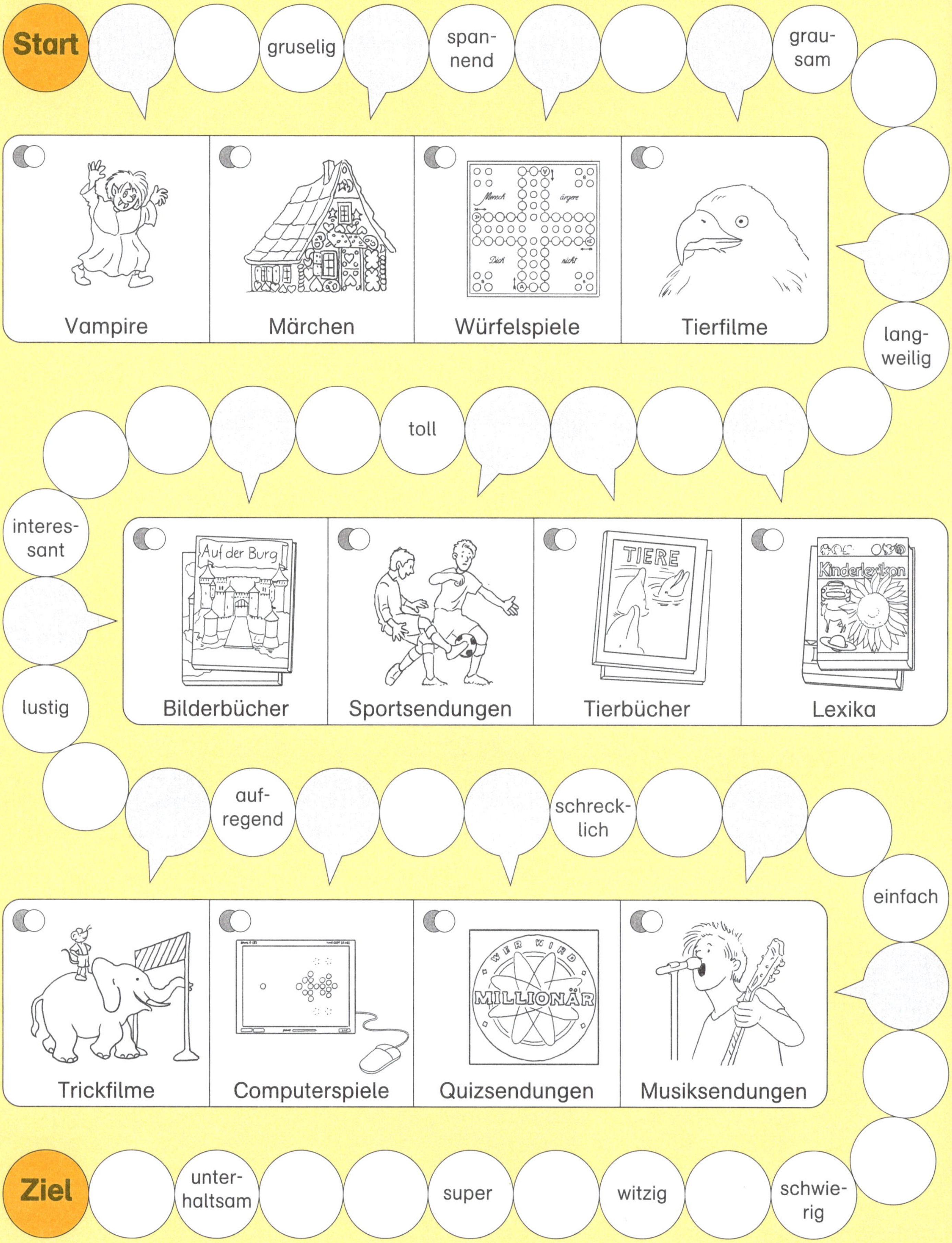

Würfelspiel: Zum Fragefeld passende Frage stellen: *Wie findest du Vampire?*
Passendes Adjektiv nennen: *Ich finde Vampire …*
Püppchen auf das entsprechende Feld setzen

Mach weiter mit: 5